BEI GRIN MACHT SICH IHR WISSEN BEZAHLT

AF143504

- Wir veröffentlichen Ihre Hausarbeit,
  Bachelor- und Masterarbeit

- Ihr eigenes eBook und Buch -
  weltweit in allen wichtigen Shops

- Verdienen Sie an jedem Verkauf

Jetzt bei www.GRIN.com hochladen und kostenlos publizieren

Stefan Walther

Änderungen in Vergütungssystemen von Banken nach der Finanzmarktkrise

Deutschland & die Schweiz

GRIN Verlag

Bibliografische Information der Deutschen Nationalbibliothek:

Die Deutsche Bibliothek verzeichnet diese Publikation in der Deutschen National-
bibliografie; detaillierte bibliografische Daten sind im Internet über http://dnb.d-
nb.de/ abrufbar.

Impressum:

Copyright © 2010 GRIN Verlag, Open Publishing GmbH
Druck und Bindung: Books on Demand GmbH, Norderstedt Germany
ISBN: 978-3-640-80311-8

Dieses Buch bei GRIN:

http://www.grin.com/de/e-book/165024/aenderungen-in-verguetungssystemen-
von-banken-nach-der-finanzmarktkrise

GRIN - Your knowledge has value

Der GRIN Verlag publiziert seit 1998 wissenschaftliche Arbeiten von Studenten, Hochschullehrern und anderen Akademikern als eBook und gedrucktes Buch. Die Verlagswebsite www.grin.com ist die ideale Plattform zur Veröffentlichung von Hausarbeiten, Abschlussarbeiten, wissenschaftlichen Aufsätzen, Dissertationen und Fachbüchern.

Besuchen Sie uns im Internet:

http://www.grin.com/

http://www.facebook.com/grincom

http://www.twitter.com/grin_com

Änderungen in Vergütungssystemen von Banken nach der Finanzmarktkrise - Deutschland & die Schweiz

Seminararbeit

im Rahmen des Hauptseminars
"Corporate Governance von Banken"

am
Lehrstuhl für Betriebswirtschaftslehre,
Finanzierung und Banken
Universität Potsdam

eingereicht von:

Stefan Walther

Potsdam, 26. November 2010

Inhaltsverzeichnis

Abbildungsverzeichnis

Abkürzungsverzeichnis

1. Einleitung

Vor gut zwei Jahren erreichte die Finanzmarktkrise mit der Insolvenz der amerikanischen Investmentbank Lehman Brothers einen ersten Höhepunkt.[1] Eine Commerzbank-Studie schätzt den durch die Krise ausgelösten Rückgang der Weltwirtschaft auf rund 4,2 Billionen US-Dollar bis Ende 2009.[2] Die Autoren unterstellten bei ihrer Analyse, dass die Volkswirtschaften ohne die Folgen der Krise mit dem Durchschnitt der vergangenen Jahre gewachsen wären. Hinzu kommen die Abschreibungen der Banken und beispielsweise Wertverluste der besonders betroffenen Immobilienmärkte von Großbritannien und den USA.

Früh wurden falsche Leistungsanreize in Form von erfolgsabhängiger Vergütung als eine Ursache, zumindest aber als Katalysator, für die Finanzmarktkrise identifiziert.[3] Demnach veranlassten die "exzessiven Bonuszahlungen"[4] Bankmitarbeiter dazu, kurzfristige Erfolgsziele durch die Inkaufnahme übermäßiger Risiken zu erreichen. Zu selten, so die Argumentation der Kritiker, standen nachhaltiges Wirtschaften und die langfristigen Konsequenzen im Mittelpunkt.[5] Kaum verwundern kann es daher, dass die Reform der Vergütungssysteme in den Fokus von Politik und Aufsichtsbehörden gerückt ist.

Zahlreiche neue internationale und nationale Vorschriften wurden in der Zwischenzeit erarbeitet oder stehen kurz vor ihrer Umsetzung. Die Banken reagieren differenziert auf die Regulierungsbemühungen. Einige europäische Institute haben auf freiwilliger Basis oder im Rahmen von Selbstverpflichtungserklärungen bereits 2009 ihre Vergütungssysteme angepasst.[6] Andere Banken überarbeiten ihre Modelle noch. Ähnlich heterogen ist die Regelungsvielfalt in den europäischen und außereuropäischen Staaten. Sie reicht von Passivität bis zu einer deutlich restriktiveren Auslegung der internationalen Guidelines.

Das Ziel der Arbeit ist es daher, sowohl einen Überblick über den aktuellen Stand der Regulierung zu erarbeiten, als auch deren Auswirkungen auf die Bankpraxis anhand von konkreten Beispielen zu analysieren. Die Ausführungen konzentrieren sich auf Deutschland und die Schweiz. Ferner wird im Rahmen einer tiefergehenden Analyse die neue Vergütungspraxis in der Commerzbank betrachtet.

---

[1] Vgl. Häuser (2010), S. 76.
[2] Vgl. Romeike (2010), S. 3.
[3] Vgl. Kleinschmidt/Fischer (2010), S. 10.
[4] Schütte (2009), S. 17 und Nastansky/Lanz (2010b), S. 1.
[5] Vgl. Häuser (2010), S. 76.
[6] Vgl. Nastansky/Lanz (2010a), S. 221.

Um zu einem Ergebnis zu gelangen, gliedert sich die Arbeit in drei Teile. In Kapitel 2 werden zunächst die theoretischen Hintergründe kurz erläutert. Neben einer Einführung in die Prinzipal-Agent-Theorie als Ausgangspunkt für die leistungsabhängige Bezahlung wird auf die gängige Ausgestaltung und Zielsetzung variabler Vergütungsmodelle eingegangen. Die Rolle der Vergütungssysteme bei der Entstehung der Finanzmarktkrise wird im 3. Kapitel erörtert. An dieser Stelle soll auch ein Überblick über die bereits umgesetzten und noch geplanten Reformbemühungen gegeben werden. Im darauf folgenden 4. Kapitel werden schließlich die konkreten Auswirkungen der Reformen auf die Praxis an Beispielen analysiert.

2. Theoretische Grundlagen variabler Vergütungssysteme

Die am häufigsten zur Rechtfertigung variabler Vergütung herangezogene Theorie ist die Prinzipal-Agent-Theorie.[7] Diese analysiert die Vertragsbeziehungen zwischen einem Auftraggeber, dem Prinzipal, und mindestens einem Auftragnehmer, dem sogenannten Agenten. Für die Ausübung seiner Tätigkeit werden dem Agenten bestimmte Aufgaben und Entscheidungskompetenzen übertragen und eine Vergütung gewährt. Die damit einhergehenden Probleme sowie die Implikationen für die Vergütungsmodelle der Banken werden im folgenden Unterkapitel beleuchtet.

2.1 Die Prinzipal-Agent-Theorie als Ausgangspunkt variabler Vergütung

Die Prinzipal-Agent-Theorie geht von zwei Grundannahmen aus. Zum einen verfolgen beide Parteien rational und opportunistisch eigene Präferenzen. Zum anderen bilden Informationsasymmetrien das Kernproblem der wechselseitigen Geschäftsbeziehungen. In der Literatur werden vier Formen unterschieden.[8] Eine ungleiche Informationsbasis kann etwa hinsichtlich der Absichten (hidden intention) oder Eigenschaften des Agenten, welche dem Prinzipal oft nicht vollständig bekannt sind (hidden characteristics), existieren. Auch die tatsächliche Tätigkeit des Auftragnehmers lässt sich nur schwer oder nur mit hohen Kosten überwachen (hidden action) und der Erfolg abschließend nicht immer eindeutig bewerten (hidden information). Diese asymmetrische Informationsverteilung zu Gunsten des Agenten bietet ihm die Möglichkeit, seine Tätigkeit ausschließlich zur eigenen Wohlfahrtssteigerung zu nutzen.[9] Den Vorteilen der Kooperation, durch die der Auftraggeber beispielsweise die spezialisierte Ar-

---

[7] Vgl. Gehle (2008), S. 18.
[8] Vgl. Falkenstein (2005), S. 58 und Gehle (2008), S. 20.
[9] Vgl. Nastansky/Lanz (2010c), S. 20.

beitskraft und den Informationsvorsprung des Auftragnehmers für sich nutzen kann, stehen die beschriebenen Nachteile gegenüber.

Werden dem Agenten Einkommens- und dem Prinzipal Gewinnmaximierungsziele unterstellt, besteht zwischen den Vertragsparteien also ein Zielkonflikt, bieten sich drei verschiedene Optionen zur Steuerung des Agenten an.[10] Über vertragliche Vereinbarungen und deren Kontrolle und Sanktionierung lässt sich das Verhalten des Agenten bis zu einem gewissen Grad direkt steuern. Des Weiteren würde eine Erweiterung der Rechenschaftspflichten mehr Transparenz über das Verhalten und die Leistung des Agenten zur Folge haben. Schließlich ist die Einführung eines Anreizsystems denkbar. Dieses kann das Verhalten des Auftragnehmers auf die Realisierung der Interessen des Auftraggebers ausrichten. Übertragen auf den Kontext der Arbeit bedeutet das, dass der Prinzipal, also das Kreditinstitut, mit dem Agenten, also dem Bankmitarbeiter oder der Führungskraft, vor der eigentlichen Leistungserbringung eine erfolgsabhängige Vergütung vereinbart. Durch einen solchen variablen Gehaltsbestandteil kann der Interessenskonflikt zwischen den Vertragsparteien reduziert werden (interest alignment).

Unabhängig von der gewählten Option oder deren Kombinationen verursacht die Reduzierung der Zielkonflikte zwischen Prinzipal und Agenten Kosten. Diese entstehen zum Beispiel bei der Entwicklung und Implementierung von Kontroll- und Anreizsystemen.

Die mit der asymmetrischen Informationsverteilung einhergehenden Probleme können nicht vollständig gelöst werden.[11] Dennoch stellen beispielsweise betriebliche Anreizsysteme einen branchenübergreifend weitverbreiteten Lösungsversuch zur Harmonisierung von Mitarbeiter- und Unternehmensinteressen dar.[12] Als Bestandteil der betrieblichen Führungssysteme erfüllen Vergütungsmodelle verschiedene Aufgaben, welche vor allem aus den Problemen der Prinzipal-Agent-Theorie abgeleitet werden können.[13]

Im folgenden Unterkapitel sollen ausgewählte Ziele dieser variablen Vergütungssysteme sowie deren gängige Ausgestaltung in Kreditinstituten kurz erläutert werden.

---

[10] Vgl. Falkenstein (2005), S. 57 f.
[11] Vgl. Gehle (2008), S. 21 und Roiger (2007), S. 172.
[12] Vgl. Schütte (2009), S. 17 und Böhmer (2010), S. 12 sowie Emmerich (2009), S. 14.
[13] Vgl. Gehle (2008), S. 22.

2.2 Ausgestaltung und Zielsetzung variabler Vergütungssysteme

Die Bankenbranche ist im Zuge der Deregulierung der Finanzmärkte sowie dem mit der Internationalisierung einhergehenden schärferen Wettbewerb unter Anpassungsdruck geraten.[14] Eine Antwort auf diese geänderten Rahmenbedingungen bestand in dem Umbau der Vergütungssysteme. Dieser zielte sowohl auf die Motivation und die Leistungssteigerung der Belegschaft als auch auf die Bindung und Akquisition qualifizierter Mitarbeiter. Des Weiteren sollte der traditionell große Fixkostenblock der Personalkosten, durch die Beteiligung der Angestellten am wirtschaftlichen Erfolg und Misserfolg des Institutes, flexibilisiert und damit besser gesteuert werden können.[15] Dem Kreditinstitut wird es so ermöglicht, einen Teil des Unternehmensrisikos auf die Mitarbeiter zu übertragen.

Mit der Einführung des "Tarifvertrags zur leistungs- und/oder erfolgsorientierten variablen Vergütung" (12/2002) dehnte die Branche die variable Vergütung auch auf Tarifangestellte aus.[16] Neben der Ausweitung des begünstigten Mitarbeiterkreises kam es insbesondere durch den Wettbewerb um qualifizierte Angestellte zu einer stetigen Erhöhung der Zahlungen. Die leistungsabhängige Vergütung hat als Gehaltsbestandteil in den Vorkrisenjahren deutlich an Bedeutung gewonnen.[17]

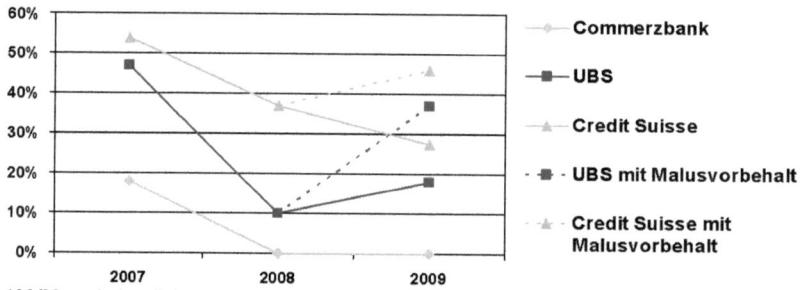

Abbildung 1: Anteil der variablen Vergütung am Personalaufwand.
Quelle: Eigene Berechnungen (absolute Zahlen im Anhang auf Seite 23).

Eine Befragung der Unternehmensberatungsgesellschaft Kienbaum zu den Gehältern von Führungskräften deutscher Kreditinstitute aus dem Jahre 2009 kommt zu dem Ergebnis, dass 98 Prozent der privaten Banken auf Bonuszahlungen zurückgreifen. Von den leitenden Angestellten der öffentlich-rechtlichen Institute erhielten 75 Prozent eine variable Vergütung. Das Verhältnis der variablen Gehaltsbestandteile zum Grundgehalt ist unter anderem von der Ka-

---

[14] Vgl. Gehle (2008), S. 1.
[15] Vgl. Böhmer (2010), S. 13 und Nastansky/Lanz (2010b), S. 3.
[16] Vgl. ders. (2003), S. 50.
[17] Vgl. Emmerich (2009), S. 14.

pitalmarktnähe des Geschäftsfeldes sowie der strategischen Bedeutung für die Bank und dem individuellen Erfolgsbeitrag der Führungskraft abhängig. Im Durchschnitt betrug die erfolgsabhängige Vergütung 29 beziehungsweise 14 Prozent des Grundgehaltes.[18] Auch im Schweizer Finanzdienstleistungssektor erhielten 2006 etwa 80 Prozent der Beschäftigten ein zusätzliches variables Gehalt. Dieses lag im Schnitt zwischen 7 und 19 Prozent des Grundgehaltes.[19]

Den variablen Vergütungssystemen lassen sich im Wesentlichen vier Hauptfunktionen zurechnen. Diese resultieren unter anderem aus den Erkenntnissen der Prinzipal-Agent-Theorie. Durch Herstellung eines Zusammenhanges zwischen der individuellen Leistung und der Entlohnung wird die Leistungsbereitschaft gesteigert und in die von der Bank gewünschte Richtung gelenkt. Diese sogenannte Motivationsfunktion bildet wiederum die Basis für alle weiteren Ziele.[20] Abbildung 2 soll einen komprimierten Gesamtüberblick über eben jene Funktionen variabler Vergütungssysteme ermöglichen.

Übergeordnetes Ziel ist es letztlich, die Attraktivität und Wettbewerbsfähigkeit der Bank dauerhaft zu steigern.[21]

Hauptfunktionen			
Motivationsfunktion	Kostenflexibilisierung	Risikotransfer	Verhaltensbeeinflussung

Nebenfunktionen			
Steigerung der Arbeitgeberattraktivität	Kooperationsfunktion		Erhöhung der Mitarbeiterzufriedenheit
Selektionsfunktion	Sicherung der Wettbewerbsposition	Informationsfunktion	Veränderungsfunktion

Abbildung 2: Funktionen von Vergütungssystemen.
Quelle: Eigene Darstellung in Anlehnung an Gehle (2008), S. 22.

In der Literatur und in der Praxis finden sich zahllose Ausgestaltungsmöglichkeiten für erfolgsabhängige Vergütungssysteme. Diese variieren beispielsweise je nach Größe des Institutes. Tendenziell wirken sich Hierarchie und Nähe zum Kapitalmarktgeschäft positiv auf den Anteil der variablen Vergütung aus. Unterschiede lassen sich weiterhin bezüglich der Art der Entlohnung, etwa in Aktien oder in bar, der Höhe im Vergleich zur Gesamtvergütung und des Auszahlungszeitpunktes, zum Beispiel unter Berücksichtigung von Sperrfristen, feststellen.

Um den Umfang der erfolgsabhängigen Vergütung zu bestimmen, gibt es verschiedene Modelle, welche wiederum die einzelnen Bemessungsgrundlagen unterschiedlich miteinander

---

[18] Vgl. Kienbaum (2009), S. 1.
[19] Vgl. Wicks (2006), S. 28.
[20] Vgl. Gehle (2008), S. 23 f.
[21] Vgl. Nastansky/Lanz (2010c), S. 14.

verknüpfen. Neben der additiven und multiplikativen Verknüpfung existiert noch das Bonus-pool-Model. Um den Rahmen der Arbeit nicht zu gefährden, soll ausschließlich der bei Kre-ditinstituten am häufigsten eingesetzte Bonuspool-Ansatz skizziert werden.[22]

Die Höhe des für die spätere variable Vergütung zur Verfügung stehenden Bonusbetrages wird in der Regel über den Erfolg des Institutes ermittelt. Der Pool kann beispielsweise von der Eigenkapitalrendite abhängig sein, d.h. bei Erreichen einer bestimmten Eigenkapitalrendi-te gibt es überhaupt erst einen Bonuspool. Dieser kann dann umso höher ausfallen, je besser sich die Kennziffer am Geschäftsjahresende entwickelt hat. Anschließend wird der Pool auf die einzelnen Geschäftsfelder verteilt. Bei diesem Schritt können neben dem Erfolgsbeitrag des Bereiches auch geschäftspolitische Entscheidungen eine Rolle spielen. Schließlich folgt, oft orientiert an der individuellen Leistung, die Verteilung auf die einzelnen Mitarbeiter.[23]

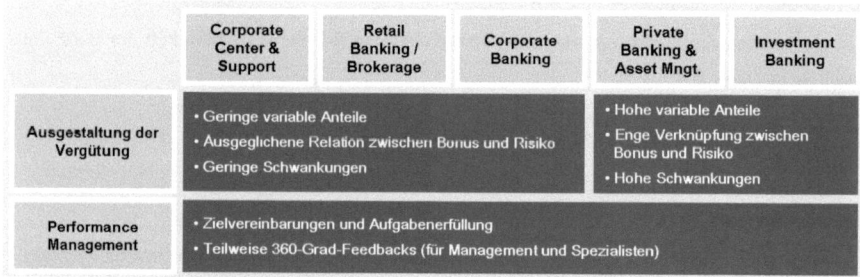

Abbildung 3: Ausgestaltung der Vergütung in Abhängigkeit des Geschäftsfeldes.
Quelle: Eigene Darstellung in Anlehnung an Klein (2008), S. 80.

Nach einer Analyse von Towers Watson unter europäischen Großbanken gaben 75 Prozent an, bei der Bemessung der erfolgsabhängigen Vergütung keine risikoadjustierten Größen wie etwa den Risk Adjusted Return on Capital (RAROC) zu verwenden.[24]

Der erfolgsabhängige Anteil der Vergütung betrug 2008 in Deutschland je nach Verantwor-tung und Erfolgsbeitrag des Mitarbeiters zwischen 2,5 und 65 Prozent des Gesamtgehaltes.[25] Vor den Erfahrungen der Finanzmarktkrise wurde der überwiegende Teil nach Erreichen kurzfristiger Erfolgsziele bereits zeitnah nach Ende des Geschäftsjahres und in bar ausge-schüttet.

---

[22] Vgl. Klein (2008), S. 79.
[23] Vgl. ebd., S. 79 ff.
[24] Vgl. Nastansky/Lanz (2010b), S. 24.
[25] Vgl. Häuser (2010), S. 76.

# 3.	Vergütungssysteme als Krisenverursacher

Die "Jagd nach Leistungsprämien"[26] gilt als eine der Ursachen, zumindest aber als Beschleuniger der Finanzmarktkrise.[27] Im folgenden Kapitel wird der Zusammenhang zwischen der variablen Vergütung in Banken und der Finanzmarktkrise offengelegt sowie ein Überblick über die internationalen und nationalen Regulierungsinitiativen erarbeitet. Der Fokus liegt auf den für Deutschland und die Schweiz maßgeblichen Vergütungsgrundsätzen.

## 3.1	Variable Vergütung und die Finanzmarktkrise

Fast Konsens herrscht darüber, dass die bisher eingesetzten Vergütungsmodelle entweder die falschen Anreize gesetzt oder die Institute zumindest ungeeignete, oft zu kurzfristige Kennzahlen mit den Erfolgsprämien verknüpft haben.[28] Infolgedessen hat sich die Entwicklung der Boni in einigen Geschäftsfeldern verselbstständigt und konnte kaum noch als angemessen, also risikoadäquat, bezeichnet werden.[29]

Als ein Treiber für das Entstehen der Fehlanreize gilt die unwirksame Beteiligung an einem möglichen Misserfolg. Für die Betroffenen konnte es rational sein, die eigene Vergütung durch das Eingehen zu großer Risiken zu erhöhen. Ein weiteres Risiko für die Banken besteht in der Unterlassung notwendiger Investitionen, um mit ebendiesen nicht die nächsten Quartalszahlen zu belasten. Diese Gefahr betrifft freilich eher die nachhaltige Entwicklung einzelner Institute und stellt noch kein Risiko für die Finanzbranche an sich dar. Neben dieser Manipulation der Erfolgskennzahlen durch das Management kann sich die Bank auch in Abhängigkeit einzelner Mitarbeiter oder Mitarbeitergruppen begeben. So musste etwa die Commerzbank Millionenbeträge aufwenden, um Mitarbeiter zu halten, die zwar im Vorfeld enorme Verluste verursacht haben, jedoch die einzigen waren, die die komplexen Derivate in den Büchern des Institutes noch beherrschten. Nur dadurch konnte der weitere Schaden reduziert werden.[30] Auch die Vergabe derartiger Halteboni entkoppelte die variable Vergütung letztlich von der individuellen Leistung und dem dadurch entstandenen Erfolgsbeitrag.

Die Bedeutung der Bonisysteme als Katalysatoren für die Krise in der Finanzbranche wird

---

[26] Weinmann (2010), S. 1.
[27] Vgl. Schütte (2009), S. 17 f. und Kleinschmidt/Fischer (2010), S. 10.
[28] Vgl. Griebe (2009), S. 35.
[29] Vgl. Emmerich (2009), S. 14.
[30] Vgl. Schütte (2009), S. 19.

weiterhin durch eine unter Führungskräften durchgeführte Umfrage der Wirtschaftsprüfungs- und Beratungsgesellschaft PricewaterhouseCoopers (PwC) deutlich (Abbildung 4).

Analysen in der Literatur kommen jedoch durchaus auch zu anderen Ergebnissen. Demnach waren nicht falsche Anreize, sondern falsche Erwartungen ursächlich. Diese These stützt sich auf die Erkenntnis, dass die Spreads für Hypotheken geringerer Bonität niedrig, seit 2001 sogar fallend waren.[31] Trifft es nun zu, dass die Risikoaffinität der Institute aufgrund der Anreizproblematik

Rang	Ursache	Anteil
1.	Risikokultur	73 %
2.	Fehlbewertung von Risiken	73 %
3.	Vergütungssysteme	70 %
4.	Mangelnde Transparenz	70 %
5.	Kreditvergabepraxis	62 %
...		
11.	Geldpolitik	31 %

Abbildung 4: PricewaterhouseCoopers-Umfrage zu den Ursachen der Finanzmarktkrise.
Quelle: Eigene Darstellung in Anlehnung an Dürr/Fischer (2009), S. 44.

gestiegen ist, hätten die Risikoaufschläge anderer Finanzinstrumente ebenfalls sinken müssen. Das war nicht der Fall. Der isolierte Rückgang der Risikoprämien im Hypothekenmarkt könnte folglich ein Indiz dafür sein, dass die wachsenden Risiken schlicht nicht erkannt wurden.[32] Diese Einschätzung deckt sich mit der in Abbildung 4 dargstellten Umfrage von PwC, wonach die *Fehlbewertung der Risiken* (73 Prozent) knapp vor den *Vergütungssystemen* (70 Prozent) als Ursache der Finanzmarktkrise identifiziert wurde.[33]

Dem entgegen kann argumentiert werden, dass die Vergütungssysteme ohnehin kaum mit den Risikomanagementsystemen verzahnt waren und darüber hinaus der überwiegende Teil der Banken ausschließlich auf klassische quantitative Gewinn- und nicht auf risikoadjustierte Kennzahlen zur Ermittlung der Bonuszahlungen setzte.

Abschließend lässt sich wohl feststellen, dass die Vergütungsmodelle bezüglich des Risikos zu einseitig und im Hinblick auf die Gewinne zu kurzfristig ausgerichtet waren. Die nachhaltige Entwicklung des Kreditinstitutes stand selten im Mittelpunkt.[34] Diese rein ergebnis- und umsatzorientierte Entlohnung mit ihren kurzen Bemessungszeiträumen führte zum Aufbau beträchtlicher Risikopositionen, gerade weil die beteiligten Institute (sofern nur als Intermedi-

---

[31] Vgl. Vaubel (2008), S. 21.
[32] Vgl. ebd., S. 22 f.
[33] Mehrfachnennungen waren möglich.
[34] Vgl. Nastansky/Lanz (2010b), S. 23.

äre involviert), Führungskräfte und Mitarbeiter nicht mit einer Teilnahme an in Folgeperioden gegebenenfalls auftretenden Verlusten rechnen mussten.[35]

In der Konsequenz kann ein Zusammenhang zwischen der Krise und den systematischen Schwächen der bisher gelebten Vergütungspraxis nicht von der Hand gewiesen werden.

3.2 Aktuelle Diskussionsansätze und Regulierungsbemühungen

Die regulatorische Aufarbeitung der Finanzmarktkrise mündete in verschiedenste nationale, europäische und internationale Initiativen und Gesetze, von denen einige auch die Vergütungssysteme der Finanzdienstleistungsbranche adressieren. Abbildung 5 ermöglicht einen komprimierten Überblick über ausgewählte Regelungen.

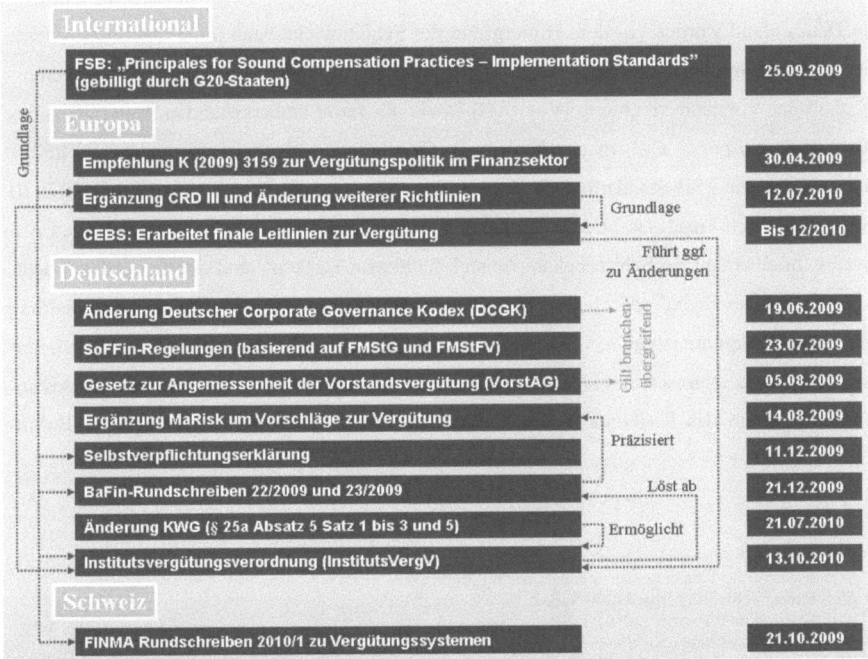

Abbildung 5: Schematische Darstellung des Zusammenhangs ausgewählter Regelungen.
Quelle: Eigene Darstellung.

---

[35] Vgl. Rudolph (2010), S. 40.

Mit dem Ziel, der "verfehlte[n] Vergütungspolitik"[36] entgegenzuwirken, verabschiedete das Financial Stability Board (FSB) im September 2009 Prinzipien für Vergütungssysteme.[37] Diese wurden von der Gruppe der 20 wichtigsten Industrie- und Schwellenländer (G20) gebilligt.[38] Sie enthalten Regelungen, die die Vergütungsmodelle auf den nachhaltigen Unternehmenserfolg ausrichten und eingegangene Risiken stärker berücksichtigen sollen.[39]

Die weitgehende Übernahme der FSB-Standards durch die EU-Kommission erfolgte durch die Änderung verschiedener Richtlinien und Empfehlungen.[40] Unter anderem wurde die "Capital Requirements Directive" (CRD III) um einen vergütungsbezogenen Artikel ergänzt. Auf dessen Grundlage erarbeiten die europäischen Bankenaufseher, das sogenannte "Committee of European Banking Supervisors" (CEBS), neue Vergütungsleitlinien, welche frühestens im Dezember 2010 in der finalen Version vorliegen werden.[41]

In Deutschland wurden vor dem Hintergrund der Fehlentwicklungen der Vergütungssysteme in der Finanzbranche zahlreiche Regelungen umgesetzt. Während das Gesetz zur Angemessenheit der Vorstandsvergütung (VorstAG) sowie die damit einhergehenden Änderungen des Deutschen Corporate Governance Kodex (DCGK) branchenübergreifend gelten,[42] zielte die Umsetzung der FSB-Standards und der vergütungsbezogenen Regulierungen der CRD III speziell auf den Finanzsektor. Die Implementierung erfolgte mit Hilfe eines dreistufigen Ansatzes. In einem ersten Schritt bekannten sich 2009 acht Banken[43] und die drei größten deutschen Versicherungen[44] durch eine freiwillige Selbstverpflichtungserklärung zur Einhaltung der neuen Vergütungsregeln.[45] Weiterhin präzisierten zwei Rundschreiben[46] der Bundesanstalt für Finanzdienstleistungsaufsicht (BaFin) die im August 2009 angepassten Mindestanforderungen an das Risikomanagement (MaRisk).[47] Im letzten Schritt wurden die BaFin-

---

[36] Bundesanstalt für Finanzdienstleistungsaufsicht (2010b), S. 2.
[37] Vgl. Financial Stability Board (2009), S. 2.
[38] Vgl. Kleinschmidt/Fischer (2010), S. 10.
[39] Vgl. Weber-Rey (2010), S. 599.
[40] Änderung der Richtlinien 2006/48/EG (CRD III) und 2006/49/EG sowie der Empfehlung K(2009) 3159.
[41] Vgl. Bundesanstalt für Finanzdienstleistungsaufsicht (2010b), S. 1.
[42] Vgl. Kleinschmidt/Fischer (2010), S. 11.
[43] Deutsche Bank, Commerzbank, Hypovereinsbank, DZ Bank, WestLB, Landesbank Baden-Württemberg, BayernLB und HSH Nordbank.
[44] Allianz, Talanx und Münchner Rück.
[45] Vgl. Weber-Rey (2010), S. 599.
[46] Rundschreiben für Kreditinstitute (22/2009) und für Versicherungsunternehmen (23/2009) vom 21.12.2009.
[47] Vgl. Bundesanstalt für Finanzdienstleistungsaufsicht (2009), S. 2 und Nastansky/Lanz (2010c), S. 123.

Rundschreiben durch die auf der Grundlage einer Änderung des Kreditwesengesetzes (KWG) im Oktober 2010 eingeführte Institutsvergütungs-Verordnung (InstitutsVergV) ersetzt.[48]

Für Kreditinstitute, die staatliche Unterstützung in Form von Mitteln des Sonderfonds Finanzmarktstabilisierung (SoFFin) erhalten haben, gelten ergänzende Regelungen. Diesbezüglich sei an dieser Stelle auf das 4. Kapitel dieser Arbeit verwiesen.

Das Pendant zur deutschen BaFin in der Schweiz, die Eidgenössische Finanzmarktaufsicht (FINMA), setzte mit ihrem Rundschreiben 2010/01 vom Oktober 2009 Mindeststandards für die Gestaltung, Implementierung und Offenlegung von Vergütungsmodellen fest.[49] Mit ihrer Veröffentlichung definiert sie zehn Grundsätze, die als Leitlinien in der Schweizer Finanzbranche dienen sollen (siehe Abbildung 6, Seite 12). Die FINMA formuliert ihre Kriterien bewusst weich und lässt den ihr unterstellten Unternehmen Interpretationsspielraum. Auch die BaFin geht ähnlich vor. Die Intention der beiden Aufsichtbehörden ist es wohl, nicht durch harte Formulierungen einmal implementierte Regelungen dauerhaft zu legitimieren, sondern mit Adjektiven wie "angemessen" und "nachhaltig" die Banken zu einem ständigen Anpassungsprozess zu verpflichten.

Anlässlich der Ausarbeitung des Schweizer Corporate Governance Kodex, des sogenannten Swiss Code of Best Practice, im Jahre 2002, wurde die Vergütungsproblematik in der Finanzindustrie erstmals identifiziert. Nicht verwunderlich ist es daher, dass die Vergütungsgrundsätze der FINMA durchaus mit den Swiss Code Empfehlungen konvergieren, jedoch noch weiter ins Detail gehen.[50] Ohnehin gelten die Richtlinien nicht etwa nur für die beiden größten und systematisch wichtigsten Schweizer Banken UBS und Credit Suisse, wie es etwa die FSB-Standards vorgesehen hatten. Dieses Vorgehen steht in der Schweiz unter dem Hinweis auf mögliche Wettbewerbsnachteile stark in der Kritik.[51] Insbesondere der zusätzliche Verwaltungsaufwand durch die Vergütungsregeln und das international heterogene Regulierungsvorgehen werden diskutiert. Auch in Deutschland hat die Branche unlängst die Fragmentierung der Vorschriften bemängelt.[52] Während einige Länder schon Verordnungen erlassen haben, finden sich in anderen Staaten noch gar keine neuen Regelungen oder die europäischen Empfehlungen wurden weitestgehend unverändert übernommen. Die Deutsche Bank

---

[48] Vgl. Bundesanstalt für Finanzdienstleistungsaufsicht (2010b), S. 1.
[49] Vgl. Eidgenössische Finanzmarktaufsicht (2009), S. 4 ff.
[50] Vgl. Nehring (2010), S. 9.
[51] Vgl. ebd., S. 12.
[52] Vgl. Handelsblatt (2010), S. 1.

beispielsweise stützt deshalb ihr aktuelles Vergütungsmodell auf die Empfehlungen des FSB und bezieht zusätzlich die Regelungen der deutschen, britischen und amerikanischen Bankenaufsicht mit ein.

Insgesamt fehlt es an international einheitlichen Vorschriften, um Regulierungsarbitrage zu vermeiden. Im europäischen Vergleich ist Deutschland mit der Umsetzung neuer Vergütungsregeln nicht nur am weitesten vorangekommen, sondern hat zusätzlich mit die restriktivsten Gesetze formuliert.[53] Dagegen hat etwa die amerikanische Regierung bisher auf Vorschriften zur Regulierung der Vergütung der heimischen Finanzbranche verzichtet.[54]

Nichtsdestotrotz verfolgen die Aufsichtsbehörden vergleichbare Ziele. Insbesondere sind zukünftige Vergütungsmodelle transparent und angemessen zu gestalten sowie auf den nachhaltigen Geschäftserfolg auszurichten.[55] Ferner regeln BaFin und FINMA die Zusammensetzung der Gesamtvergütung, den Bemessungszeitraum für die Leistungsbeurteilung und die Sperrfristen für den variablen Gehaltsbestandteil. Letztlich sollen die Regeln in ihrem Zusammenwirken ein verantwortungs- und risikobewussteres Handeln aller Betroffenen fördern.

Institutsvergütungs-Verordnung	FINMA-Grundsätze
Vergütungssysteme müssen auf das Erreichen des Geschäftsziels ausgerichtet sein	Verwaltungsrat für Vergütung verantwortlich
Müssen angemessen und risikoadäquat sein und dürfen Kontrollfunktionen nicht zuwiderlaufen	Vergütungssystem: einfach, transparent, langfristig
Keine Anreize für unverhältnismäßige Risiken	Risikoträger und Spezialisten mit einbeziehen
Mehrjährige Bemessungsgrundlage & Malussystem	Gesamtvergütung muss mit Risikopolitik übereinstimmen
Keine signifikante Abhängigkeit von var. Vergütung	Vergütung langfr. vom wirtschaftlichen Erfolg abhängig
Fixe und var. Vergütung in angemessenem Verhältnis	Variable Vergütung anhand nachhaltiger Kriterien
Jährl. Aufsichtsorgane über Vergütungspolitik berichten	Aufgeschobene Vergütung abhängig von Erfolg & Risiko
Garantierte variable Vergütung nur in Ausnahmefall	Interessenskonflikte vermeiden
Bestimmte Mitarbeiter: 60% der var. Vergütung nach 3-5 J.	Jährlich über Vergütungspolitik berichten
Auch 50% der var. Barvergütung muss von nachhaltiger Entwicklung abhängig sein	Abweichung nur in begründeten Ausnahmefällen

Abbildung 6: Ausgewählte Regelungen in Deutschland und der Schweiz.
Quelle: Eigene Darstellung in Anlehnung an Bundesanstalt für Finanzdienstleistungsaufsicht (2010b), S. 3 ff. und Eidgenössische Finanzmarktaufsicht (2009), S. 2 f.

Überdies stehen die nationalen Vorschriften vor der Herausforderung, die Balance zwischen einem marktgerechten und motivierenden Vergütungssystem und den Erwartungen der Öffentlichkeit zu wahren.

---

[53] Vgl. Fischer (2009), S. 8. und Winter (2010), S. 1.
[54] Vgl. Nastansky/Lanz (2010c), S. 119.
[55] Vgl. Kleinschmidt/Fischer (2010), S. 12 f.

4. Auswirkungen auf die Vergütungspraxis

Internationale Untersuchungen zeigen, dass die neuen Vergütungsstandards bisher nur zum Teil umgesetzt wurden. So hatten 60 Prozent der in Deutschland analysierten Institute im August 2010 die Vergütungsmodelle entweder noch nicht vollständig oder noch gar nicht angepasst.[56] Im folgenden Kapitel soll daher der Implementierungsstand an konkreten Beispielen beleuchtet werden. Stellvertretend für den Schweizer Finanzplatz werden die beiden größten eidgenössischen Institute, die UBS und die Credit Suisse, betrachtet. Als ein spezielles Beispiel für Deutschland stehen die Änderungen der vom SoFFin gestützten Commerzbank im Mittelpunkt dieses Kapitels.

4.1 Deutschland am Beispiel der Commerzbank

Die Übernahme der Dresdner Bank und die Weltwirtschaftskrise stellen die Vergütungssysteme der Commerzbank vor erhebliche Herausforderungen. Es müssen nicht nur die Modelle zweier Banken harmonisiert und die InstitutsVergV umgesetzt, sondern zusätzlich auch noch die strengeren Regeln des SoFFin berücksichtigt werden.

Der SoFFin begrenzt die Gehälter der Commerzbankvorstände auf 500.000 Euro.[57] Die öffentliche Kritik an Bonuszahlungen für staatlich gestützte Banken bewog die Politik dazu, diese Regelung auf die übrigen Mitarbeiter auszudehnen.[58] Es besteht jedoch die Möglichkeit, sich durch Zinszahlungen auf das erhaltene staatliche Kapital von der Regelung zu befreien. Außerdem wird die Vorschrift ausschließlich für Mitarbeiter im Inland gelten. Die Investmentbanker, die eigentlich betroffen wären, arbeiten gleichwohl vor allem in London und New York. An dieser Stelle wird deutlich, dass die politische und gesellschaftliche Diskussion auch eine Grundlage für die Regulierung variabler Vergütungsmodelle bildet. Einige Regelungen scheinen eher symbolischer Natur. In diesem Kontext ist beispielsweise die rasche Einführung der InstitutsVergV ebenfalls kritisch zu bewerten. Obwohl die finalen EU-Leitlinien des CEBS erst im Dezember vorliegen werden und mit dem BaFin-Rundschreiben 22/2009 eine gute Übergangsregelung vorlag, wurde die InstitutsVergV bereits umgesetzt. Sie muss voraussichtlich nach Veröffentlichung der CEBS-Leitlinien abgeändert werden. Die Politik demonstriert freilich ihre Entschlossenheit und Handlungsfähigkeit. Für die betroffenen Institute bedeutet das einen enormen zusätzlichen Aufwand.

---

[56] Vgl. Towers Watson (2010), S. 1.
[57] Gemäß § 5 Abs. 2 Satz 4a FMStFV.
[58] Vgl. Freiberger (2010), S. 17.

Dieser wird auch am Beispiel der Commerzbank deutlich. Das 2009 neu eingeführte Vergütungsmodell (Abbildung 7) erfuhr bereits durch das BaFin-Rundschreiben kleinere Änderungen. Auf der Grundlage der InstitutsVergV muss es nun erneut angepasst werden. Die BaFin
schätzt die Bürokratiekosten für die neue Verordnung auf 974.000 Euro.[59]

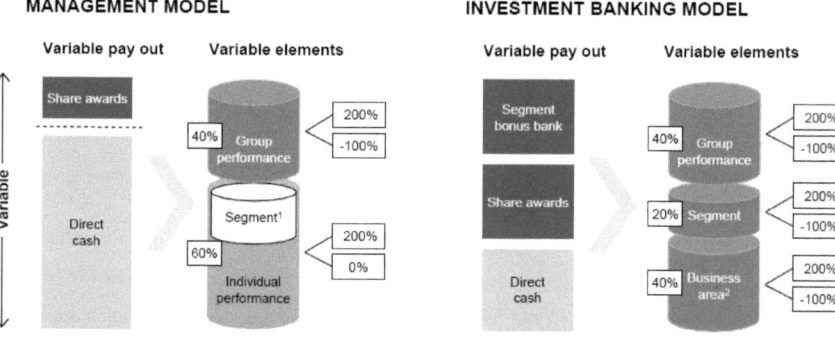

Abbildung 7: Variable Vergütungsmodelle in der Commerzbank.
Quelle: Commerzbank AG (2009), S. 12.

Noch schwieriger ist es, die neuen Anforderungen und Modelle den eigenen Mitarbeitern zu
"verkaufen". Interessanterweise bestand die Herausforderung dabei nicht in den in der Literatur oft diskutierten arbeitsrechtlichen Schwierigkeiten wie notwendigen Änderungskündigun-
gen. Die betroffenen Mitarbeiter und Führungskräfte zeigten sich durchweg bereit, Nachhal-
tigkeitskriterien in ihre Verträge aufzunehmen. Viel problematischer hingegen ist es für die
Bank, die komplexen Vergütungsregeln nachvollziehbar zu erläutern. Denn nur wenn die Kriterien transparent und akzeptiert sind, können sie motivierend wirken. So ist es noch gut ver-
ständlich, dass 60 Prozent der Vergütung erst nach einem dreijährigen Bemessungszeitraum
ausgezahlt werden. Schwerer zu vermitteln ist es aber, dass die 40 Prozent, die bar ausge-
schüttet werden dürfen, auch noch zur Hälfte von der nachhaltigen Geschäftsentwicklung der
Commerzbank abhängen müssen (§ 5 Abs. 2 Nr. 5 InstitutsVergV). Wenngleich die drei- bis
fünfjährige Sperrfrist vor dem Hintergrund in der Regel siebenjähriger Konjunkturzyklen eher

[59] Vgl. Bundesanstalt für Finanzdienstleistungsaufsicht (2010a), S. 2.

kurz erscheint,[60] stellt sie doch für die betroffenen Mitarbeiter in der Übergangszeit bis zur ersten Auszahlung eine faktische Gehaltskürzung dar. Nachvollziehbar hat dies einen nicht unbedingt positiv motivierenden Effekt.

Trotz dieser Praxisschwierigkeiten wird die Regulierung der Vergütungssysteme der Commerzbank Vorteile bringen. So werden durch die systematische Einbeziehung von Risiken in Zukunft die Anreize zum Eingehen nicht am nachhaltigen Unternehmenserfolg ausgerichteter Geschäfte spürbar reduziert. Darüber hinaus werden bedeutende Teile der aufgeschobenen Vergütung durch Aktien beglichen. Die Koppelung der Vergütung an die Commerzbank-Aktie (nicht indiziert) wird zukünftig Diskussionen um Bonuszahlungen trotz hoher Verluste ausschließen. Geht es der Bank schlecht, verliert die Aktie also an Wert, wird auch keine variable Vergütung ausgezahlt. Durch die mehrjährige Betrachtung besteht kein Anreiz mehr, den Aktienkurs kurzfristig in die Höhe zu treiben.

Des Weiteren wurde neben den Risiken nun auch die Kundenzufriedenheit in die Zielvereinbarung der Mitarbeiter aufgenommen. Diese hat eine geschäftsfeldabhängige Gewichtung von 20 bis 50 Prozent. Verschiedene Indikatoren wie Beschwerdequoten und spezielle Kundenumfragen bilden die Grundlage für die Bewertung. Die zusätzliche Aufnahme dieses Kriteriums ist sicher das richtige Zeichen an die Öffentlichkeit. Der Kunde soll wieder im Mittelpunkt stehen. Letztlich wird aber entscheidend sein, wie dieser Teil des Vergütungssystems gelebt wird. Durch die geplante Gewichtung hat er durchaus einen spürbaren Effekt auf die Vergütung der Führungskräfte. Ist die Zufriedenheit der Kunden durch das direkte Verhalten des Mitarbeiters jedoch nicht (positiv) beeinflussbar, sind diese beispielsweise durch eine schlechte Börsen- und Wirtschaftslage verärgert, kann das erheblich negative Auswirkungen auf die Motivation und Einsatzbereitschaft der Mitarbeiter haben. Darüber hinaus sind interne Einheiten, welche ebenfalls einen merklichen Beitrag zum Gesamterfolg und zum Risikoprofil der Commerzbank leisten, über dieses Kriterium kaum zu steuern.

Abschließend lässt sich feststellen, dass das neue Modell durchaus geeignet ist, die Anreize zum Eingehen unangemessener Risiken zu minimieren. Der größte Teil der Vergütung wird nun zeitverzögert und in Abhängigkeit des Geschäftserfolges der Gesamtbank ausgezahlt.

---

[60] Vgl. Nehring (2010), S. 5.

4.2 Die Schweiz am Beispiel der UBS und der Credit Suisse

Als erste europäische Großbank legte die ebenfalls staatlich gestützte UBS rückwirkend für 2008 ein neues Vergütungsmodell vor. Die variable Vergütung wurde im Frühjahr 2009, noch vor der Veröffentlichung der FSB-Leitlinien, modernisiert.[61] Der Grundsatz der Vergütungspolitik der UBS lautet weiterhin "Vergütung für Leistung". Das Modell berücksichtigt nun aber auch Qualität und Zeithorizont der risiko- und kapitalgewichteten Erträge sowie qualitative Aspekte, wie Führungsfähigkeiten der Angestellten.[62] Außerdem setzen sich die Boni der Bank mittlerweile aus einem Baranteil und einer Aktienbeteiligung zusammen. 2009 wurden insgesamt 60 Prozent der variablen Vergütung, über 250.000 Franken, verzögert ausgezahlt und 300 Mio. Franken aus den vergangenen Jahren zurückgefordert. Von den insgesamt 6,2 Mrd. Franken Vergütungsanspruch, den Mitarbeiter und Führungskräfte 2009 erwarben, stehen mehr als die Hälfte unter Malusvorbehalt, so dass schließlich nur 3 Mrd. Franken Bonus für das Geschäftsjahr 2009 ausgeschüttet wurden.[63] Nichtsdestotrotz steht die UBS bereits wieder in der Kritik, durch ihre aktuelle Vergütungspraxis den fünften Grundsatz der FINMA zu missachten.[64]

Der direkte Konkurrent der UBS, die Credit Suisse, stand nach der Finanzmarktkrise ebenfalls unter dem Druck der Schweizer Bankenaufsicht, die Risikopositionen zu reduzieren. Das Institut reagierte mit einer besonderen Innovation darauf und überschrieb die problembelasteten Wertpapiere kurzerhand ihren Führungskräften und Investmentbankern als Bonus. Die Begünstigten werden einen Gewinn erwirtschaften, falls die Derivate im Preis steigen und sind andersherum durch einen Malus an einem möglichen weiteren Verlust beteiligt.

Das neue Vergütungsmodell der Credit Suisse teilt die variable Vergütung in einen bar auszuschüttenden und einen zeitverzögert ausgezahlten Anteil. Für das Geschäftsjahr 2009 werden 40 Prozent der Boni frühestens nach drei Jahren ausgezahlt. Alle variablen Zahlungen, die unter 125.000 Franken liegen, sind dagegen nicht von den neuen Regeln betroffen.

Nach Angaben der Credit Suisse entspricht das neue Vergütungsmodell bereits den FSB-Leitlinien und beachtet die FINMA-Grundsätze. Im Mittelpunkt stehen angemessene Risikoüberlegungen und der nachhaltige Erfolg der Gesellschaft.[65]

---

[61] Vgl. Mehner (2009), S. 536.
[62] Vgl. UBS (2009), S. 8.
[63] Vgl. UBS (2010), S. 42.
[64] Vgl. Nehring (2010), S. 5.
[65] Vgl. Credit Suisse (2010), S. 60 ff.

Beide Banken knüpfen die Auszahlung des zeitverzögerten Anteils der variablen Vergütung an die Erwirtschaftung eines Gewinns in den folgenden drei Geschäftsjahren.

5. Schlussbetrachtung

Ziel der Arbeit war es, den aktuellen Regulierungsstand zu erarbeiten und die Auswirkungen und Veränderungen auf ausgewählte Kreditinstitute in Deutschland und der Schweiz zu analysieren.

Die Darstellungen verdeutlichen die Vorreiterrolle Deutschlands hinsichtlich Anzahl, Umfang und Anforderungen der umgesetzten Regelungen. Sie zeigen aber auch, dass die Vergütung von Bankmanagern ein gesellschaftlich und politisch sensibles Thema ist. Einige der verabschiedeten oder geplanten Vorschriften sind in der Finanzbranche nicht unumstritten. Essentiell scheint es daher, die wichtige und unumgängliche Diskussion zur variablen Vergütung zu versachlichen. Ebenfalls herausgearbeitet werden konnte die Notwendigkeit, international einheitliche Vorschriften zu erlassen. Die FSB-Leitlinien bilden eine gute Ausgangsbasis, um Wettbewerbsnachteile und Regulierungsarbitrage zu vermeiden.

Im Gegensatz zu der im 4. Kapitel erwähnten Analyse haben die in dieser Arbeit untersuchten Institute bereits tiefgreifende Änderungen an ihren Vergütungssystemen vorgenommen. Teilweise schon bevor sie gesetzlich dazu verpflichtet waren und obwohl sie sich hinsichtlich des Anteils der variablen Vergütung zur Gesamtvergütung (siehe Abbildung 1, Seite 4) doch erheblich voneinander unterscheiden. Nichtsdestotrotz gehen die Änderungen nicht über die aufsichtsrechtlichen Anforderungen hinaus. Ausschließlich die Commerzbank hat mit der Kundenzufriedenheit ein ergänzendes Kriterium aufgenommen. In einem nächsten Schritt wäre es sicher interessant zu betrachten, inwiefern beispielsweise Größe und Börsennotierung einer Bank einen positiven Einfluss auf Umsetzungsgeschwindigkeit und -umfang haben können.

Schließlich darf nicht vergessen werden, dass die Regulierung der Vergütungssysteme nur ein Instrument hin zu einem verantwortungsbewussteren und nachhaltigeren Umgang mit den Risiken der Finanzbranche darstellt. Das Thema Vergütung wird letztlich nie vollständig abzuschließen sein. Immer in dem Bewusstsein, welche Folgen systematische Fehlanreize für den Finanzsektor haben können, muss sich ein gutes Vergütungsmodell vielmehr kontinuierlich an den sich entwickelnden Markt anpassen lassen.

Literaturverzeichnis

Babenko, Ilona (2009): Share Repurchases and Pay-Performance – Sensitivity of Employee Compensation Contracts, in: The Journal Of Finance, Vol. LXIV, No. 1, February 2009, S. 117 – 150.

Bundesanstalt für Finanzdienstleistungsaufsicht (2009): Rundschreiben 22/2009 (BA) - Aufsichtsrechtliche Anforderungen an die Vergütungssysteme von Instituten vom 18.12.2009, http://www.bafin.de/cln_161/nn_721290/SharedDocs/Veroeffentlichung-en/DE/Service/Rundschreiben/2009/rs__0922__ba__anschreiben.html?__nnn=true, recherchiert am 15.10.2010.

Bundesanstalt für Finanzdienstleistungsaufsicht (2010a): Verordnung über die aufsichts-rechtlichen Anforderungen an Vergütungssysteme von Instituten (Instituts-Vergütungsverordnung – InstitutsVergV) vom 06.10.2010, http://www.bafin.de/nn_722758/SharedDocs/Aufsichtsrecht/DE/Verordnungen/institutsvergv.html, recher-chiert am 14.11.2010.

Bundesanstalt für Finanzdienstleistungsaufsicht (2010b): Begründung zur Verordnung über die aufsichtsrechtlichen Anforderungen an Vergütungssysteme von Instituten vom 06.10.2010, http://www.bafin.de/cln_161/nn_722758/SharedDocs/Aufsichtsrecht/DE/Verordnungen/institutsvergv-begruendung.html, recherchiert am 14.11.2010.

Böhmer, Nicole (2003): Entgeltpolitik, Variable Vergütung in Banken, in: PERSONAL, Heft 06/2003, 01.06.2003, S. 50 – 56.

Böhmer, Nicole (2010): Leistungsorientierte Vergütung – Zweifel an der Wirksamkeit, in: PERSONAL, Heft 04/2010, 01.04.2010, S. 12 – 14.

Commerzbank AG (2009): Integration of Dresdner Bank – Investors' Day 2009 vom 25.11.2009, https://www.commerzbank.de/media/aktionaere/investors_day/091125-Integration_Investors-Day-2009_FINAL_2.pdf, recherchiert am 09.11.2010.

Credit Suisse (2010): Geschäftsbericht 2009, https://www.credit-suisse.com/investors/de/reports/annual_reporting.jsp, recherchiert am 20.11.2010.

Dürr, Alexander / Fischer, Nicole (2009): Eckpunkte einer überfälligen Reform. Umfrage zur Vergütungspraxis bei Finanzdienstleistern, in: Personalführung, Heft 5, S. 43 – 47.

Eidgenössische Finanzmarktaufsicht (2009): Rundschreiben 2010/1 Vergütungssysteme vom 21.10.2009, http://www.finma.ch/d/regulierung/Documents/finma-rs-2010-01-d.pdf, recherchiert am 13.11.2010.

Emmerich, Martin (2009): Momentan befinden wir uns beim Thema Vergütung an einer Zeitenwende, in: Bank und Markt, 08 vom 01.08.2009, S. 14 – 18.

Falkenstein, Ina (2005): Risikomanagement mit leistungsabhängiger Vergütung – Einfluss variabler Entgeltformen auf das Kreditvergabeverhalten von Banken, Wiesbaden.

Financial Stability Board (2009): FSB Principles for Sound Compensation Practices – Implementation Standards vom 25.09.2009, http://www.financialstabilityboard.org/publications/r_090925c.pdf, recherchiert am 04.11.2010.

Fischer, Holger (2009): Studie: Rechtsvergleichendes Gutachten zu Fragen der Managervergütung in börsennotierten Gesellschaften, http://www.economiesuisse.ch/web/de/PDF%20Download%20Files/Studie_Holger_Fleischer.pdf, recherchiert am 16.11.2010.

Freiberger, Harald (2010): Berlin verschärft Bonus-Regeln, in: Süddeutsche Zeitung vom 27.10.2010, S. 17.

Gehle, Nadja (2008): Variable Vergütung im Investment Banking in Deutschland, 1. Auflage, Hamburg.

Griebe, Thomas (2009): Bonus mit Malus, in: Der Volkswirt, Nr. 19 vom 04.05.2009, S. 35.

Handelsblatt (2010): Bankenregulierung, Ackermann und Blessing fordern einheitliche Regeln vom 15.11.2010, http://www.handelsblatt.com/unternehmen/banken-versicherungen/bankenregulierung-ackermann-und-blessing-fordern-einheitliche-regeln;2692954, recherchiert am 15.11.2010.

Häuser, Sascha (2010): Vergütungsmodelle – Tendenzen in bewegten Zeiten, in: Die Bank, Heft 10/2010, S. 76 – 79.

Kienbaum (2009): Studie zur Vergütung von leitenden Angestellten in Banken vom 16.12.2009, http://www.kienbaum.de/desktopdefault.aspx/tabid-501/649_read-6125/, recherchiert am 04.11.2010.

Klein, Werner (2008): Sind Bonuskonzepte noch zeitgemäß?, in: Die Bank, Heft 07/2008, S. 79 – 81.

Kleinschmidt, Peter / Fischer, Nicole (2010): Vergütungssysteme für Kreditinstitute im Blickpunkt der Aufsicht – Internationale und nationale Entwicklungen, in: Zeitschrift für das gesamte Kreditwesen, 05/2010, Frankfurt, S. 10 – 14.

Kommission der Europäischen Gemeinschaft (2009): Empfehlung K (2009) 3159 vom 30.04.2009, http://ec.europa.eu/internal_market/company/docs/directors-remun/financialsector_290409_de.pdf, recherchiert am 23.11.2010.

Leuer, Michael (2010): In einsamen Sphären – Spitzensaläre bei den Schweizer Banken, in: SCHWEIZER BANK, Nr. 07 aus 07/2010, S. 42.

Mehner, Hartmut (2009): Nachhaltige Performance bitte – UBS-Bericht zur Vergütung, in: Zeitschrift für das gesamte Kreditwesen, 11 vom 02.06.2009, S. 536.

Nastansky, Andreas / Lanz, Ramona (2010a): Reaktion der Banken auf die neuen (inter-) nationalen Vergütungsregeln, in: Zeitschrift für das gesamte Kreditwesen, 05 vom 01.03.2010, S. 221 – 227.

Nastansky, Andreas / Lanz, Ramona (2010b): Bonuszahlungen in der Kreditwirtschaft: Analyse, Regulierung und Entwicklungstendenzen, in: **Strohe, Hans Gerhard** (Hrsg.): Statistische Diskussionsbeiträge, Nr. 41, Potsdam.

Nastansky, Andreas / Lanz, Ramona (2010c): Vergütungsmanagement in der Praxis – Eine Analyse am Beispiel des Bankensektors, 1. Auflage, Hamburg.

Nehring, Wolf (2010): Regulierung von Löhnen in der Schweizer Finanzindustrie vom 21.06.2010, http://www.der-unternehmer.com/news-blog/items/Lohnregulierung-Schweizer-Finanzindustrie.html, recherchiert am 14.11.2010.

Regierungskommission Deutscher Corporate Governance Kodex (2009): Regierungskommission passt Kodexbeschlüsse im Zuge des Gesetzes zur Angemessenheit der Vorstandsvergütung an vom 19.06.2009, http://www.corporate-governance-code.de/ger/download/PM_Kodexanpassungen_VorstAG.pdf, recherchiert am 13.11.2010.

Rudolph, Bernd (2010): Die internationale Finanzkrise: Ursachen, Treiber, Veränderungsbedarf und Reformansätze, 1. Auflage, München.

Roiger, Manuela (2007): Gestaltung von Anreizsystemen und Unternehmensethik: eine norm- und wertbezogene Analyse der normativen Principal-Agent-Theorie, 1. Auflage, Wiesbaden.

Romeike, Frank (2010): Die Bankenkrise – Ursachen und Folgen im Risikomanagement, 1. Auflage, Köln.

Schütte, Martin (2009): Eckpunkte für die Vergütung von Managern, in: ifo Schnelldienst, 62. Jg., 11/2009, S. 17 – 21.

Towers Watson (2010): Gehälter in Banken: Heterogene Bonusentwicklung vom 13.09.2010, http://www.towerswatson.com/germany/press/2785, recherchiert am 12.11.2010.

UBS (2009): Vergütungsbericht 2009, http://www.ubs.com/1/g/investors/annualreporting/2009.html, recherchiert am 18.11.2010.

UBS (2010): Geschäftsbericht 2009, http://www.ubs.com/1/g/investors/annualreporting/ 2009.html, recherchiert am 20.11.2010.

Vaupel, Roland (2008): Die Finanzmarktkrise beruht nicht auf einem Systemfehler, in: Orientierung zur Wirtschafts- und Geschäftspolitik, Nr. 118, 04/2008, S. 21 – 23.

Weinmann, Jens (2010): Deutsche Bank führt Malus-Zahlungen ein, in: Manager Magazin vom 04.02.2010, http://www.manager-magazin.de/unternehmen/artikel/0,2828, 675941,00.html, recherchiert am 21.10.2010.

Wicks, John (2006): Banksaläre – Auf den Bonus kommt es an, in: SCHWEIZER BANK, Nr. 12 aus 12/2006, S. 28.

Winter, Stefan (2010): Deutschland – Vorreiter neuer Finanzmarktregulierung? vom 06.06.2010, https://www.deka.de/decontent/finanzmarkt/boersennews/detailnews.jsp? id=699288&auswahl=2, recherchiert am 16.11.2010.

Weber-Rey, Daniela (2010): Vergütungsregeln für den Finanzsektor, in: Versicherungsrecht, 61. Jg., Nr. 13 vom 01.05.2010, S. 599 – 601.

Anhang

1. Absolute Zahlen variable Vergütung Commerzbank, UBS und Credit Suisse

Absolute Zahlen variable Vergütung Commerzbank, UBS und Credit Suisse

2009

	Personalaufwand	davon var. Vergütung	davon Malusvorbehalt
Commerzbank	4,70	0,00	0,00
UBS	16,54	6,20	3,20
Credit Suisse	15,01	8,14	4,14

2008

	Personalaufwand	davon var. Vergütung	davon Malusvorbehalt
Commerzbank	2,50	0,00	0,00
UBS	16,26	1,70	0,00
Credit Suisse	13,25	4,89	0,00

2007

	Personalaufwand	davon var. Vergütung	davon Malusvorbehalt
Commerzbank	3,08	0,56*	0,00
UBS	25,52	12,10	0,00
Credit Suisse	16,10	8,73	0,00

- Beträge der UBS und der Credit Suisse in Schweizer Franken, Commerzbank in Euro.
- 2007: "Alte" Commerzbank ohne Dresdner Bank.
- Quellen: Jeweilige Geschäftsberichte der Institute.

* Geschätzt.